NOTICE

HISTORIQUE ET GÉNÉALOGIQUE

SUR LA

FAMILLE DE WESPIN.

NOTICE

HISTORIQUE & GÉNÉALOGIQUE

SUR LA

FAMILLE DE WESPIN

ORIGINAIRE DE DINANT-SUR-MEUSE.

AMIENS

E. CAILLAUX, Imprimeur-Libraire, place Périgord, 3.

1867.

DE WESPIN

Armes : *De gueules, au chameau passant d'argent, bridé de même; au chef parti d'argent à 3 losanges d'azur, 2 et 1, et d'argent, au chaudron de sable accompagné de 2 marteaux de même.* L'écu timbré d'un casque d'argent tarré de front, avec lambrequins, ayant pour cimier un aigle issant d'argent.

Originaire de Dinant (Belgique) la famille de Wespin est une des plus anciennes et des plus honorables de cette ville. Deux actes conservés aux archives de l'Hôpital de Dinant, et imprimés comme pièces justificatives à la suite de cette notice, prouvent qu'au XIV° siècle elle occupait déjà un rang distingué. Dans le premier, en date du 25 février 1342, paraît, parmi les masuyers, Watelot de Wespin, bourgeois de Dinant; dans le second, du 6 mars 1396, figure Jehan de Wespin, échevin de Dinant.

Il est probable que cette famille tire son nom de la terre de Wespin, ancienne métairie située sur la montagne qui s'élève au couchant de la Meuse et de la ville de

Dinant et appartenant, depuis le XIII° siècle au moins, à l'Hospice de Dinant, nommé alors *Mostier Nostre-Dame*. Un manuscrit de cette époque, provenant de l'ancienne abbaye d'Hastières et conservé aux archives de la ville de Liège, donne la liste des personnes qui devaient des rentes au Mostier Nostre-Dame de Dinant et l'état des biens de cet Hospice, dans lequel est mentionnée la cense de Wespin, avec le détail des terres qui la composaient.

La famille DE WESPIN tirant son origine de Dinant, et son histoire étant, jusqu'à un certain point, liée à celle de cette ville, il n'est pas hors de propos de rappeler ce qu'elle était au moyen-âge. Célèbre par son commerce et ses richesses, remarquable par sa position près de la Meuse, Dinant était une ville des plus importantes. Suivant certains auteurs, sa population aurait atteint le chiffre de 60,000 ames. Une de ses principales industries était celle des admirables ouvrages de cuivre connus sous le nom de dinanderies.

Les fonts baptismaux de l'église Saint-Barthélemy à Liège sont attribués à Jean Patras, basteur de Dinant, et auraient été exécutés par lui en 1112. C'est un cuvier en cuivre, de 3 pieds de diamètre sur un peu moins de hauteur ; la bordure intérieure est ornée de reliefs représentant des scènes du Nouveau Testament : on y voit, entre autres, le baptême de N. S. Jésus, dans le Jourdain.

Voici maintenant les notes que nous avons recueillies sur la famille DE WESPIN :

Par une charte datée de Bruxelles, le 8 novembre 1465, Philippe-le-Bon, duc de Bourgogne, ordonne la confiscation des biens de Colard DE WESPIN et de Jehan DE WESPIN « comme rebelles et désobéissants, et ayant tenu le parti des Liégeois nos adversaires. »

Cet acte dont nous donnerons un extrait dans les pièces justificatives, se trouve aux archives du département du Nord, *Registre des chartes XIII, fol.* 212.

La confiscation des biens des Dinandois n'était que le prélude de leurs malheurs à venir : après un siége meurtrier, leur ville prise, au mois d'août 1466, par le comte de Charolois, fut brûlée et ruinée complétement ; et, par un raffinement de cruauté, renouvelé plus tard à Nantes, par l'infâme Carrier, 800 des principaux bourgeois, liés deux à deux, furent précipités dans la Meuse. Tout porte à croire que plusieurs membres de la famille DE WESPIN furent au nombre des victimes. Quoiqu'il en soit, elle survécut au désastre de Dinant, malheureuse ville qui ne commença à renaître de ses cendres qu'après la mort de Charles-le-Téméraire, tué devant Nancy, au mois de janvier 1477. En effet, le nom DE WESPIN reparaît alors dans les actes de la ville.

En 1540, Perchon DE WESPIN était bourgmestre de Dinant : il figure, en cette qualité, dans une sentence prononcée par les maïeur et échevins, le 20 janvier de cette année. On le retrouve encore bourgmestre dans un acte du 7 août 1553.

A peine relevé, Dinant devait souffrir les malheurs d'un nouveau siége : assiégée en 1554 par Henri II, roi de France, la ville fut prise, malgré la résistance héroïque de ses habitants, et se trouva une seconde fois à la merci du vainqueur. Peu s'en fallut qu'elle ne fût livrée, comme en 1466, à la fureur du soldat. Les Français venaient de brûler et de détruire presque tous les châteaux de l'Entre-Sambre-et-Meuse ; et, chose étonnante, ils épargnèrent à-peu-près Dinant.

On conserve dans les archives municipales de cette ville (liasse 32) la liste d'une partie des citoyens choisis par le comte de Hamal, gouverneur du château, et le sire de Villenfagne, bourgmestre, pour les aider à défendre la place. Villenfagne commandait en personne aux abords de la tour Chapon, et de là transmettait ses ordres à ses lieutenants, au nombre desquels était Waltier DE WESPIN, ancien bourgmestre, qui défendait la tour Saint-Laurent.

(SIDERIUS. *Histoire de Dinant et de ses environs, p.* 116.)

Une ordonnance de l'échevinage, en date du dernier juin 1554, la veille du jour où Dinant fut assiégé, charge les députés de la ville d'élire six hallebardiers : Waltier de Wespin, Perpète de Wespin et quatre autres sont élus.

On est fier de descendre de ces hommes énergiques qui, dans le Hainaut comme à Dinant, surent défendre leur pays contre l'invasion odieuse de l'étranger.

Le cartulaire de Bouvignes, publié par M. Borgnet, nous a conservé l'attestation délivrée, le 17 mai 1582, à Waltier de Wespin, au sujet de l'occupation de cette ville par le parti des États. « Waltier de Wespin, de la ville de Dinant, pour et au nom d'Omer Darras, son beau-père, comparaît devant les échevins de Bouvignes, qui attestent et certifient que les soldats tenant garnison pour Sa Majesté Catholique, à Bouvignes, se déclarèrent pour les États-Généraux tenant parti contre Sa dite Majesté. Waltier de Wespin, illec présent, en a requis acte, pour valoir et servir audit Omer Darras, son beau-père, en ce qu'il trouvera convenir. »

Dans un acte du 12 juin 1592, Jean Thirion et Wauthier de Wespin sont mentionnés comme tiers et conseillers de la ville de Dinant.

Parmi les hommes distingués qui ont porté le nom de Wespin, il ne faut pas oublier François de Wespin. Né à Namur, en 1634, il fit sa philosophie à Louvain, et entra ensuite au noviciat des Jésuites à Tournai, en 1653. Depuis il exerça le professorat pendant six ans, et se consacra au ministère de la chaire. Ce Père mourut à Namur, le 27 mai 1695. Il a publié :

1° La nouvelle Alliance pour avancer le culte du très-saint Nom de Jésus. Bruxelles, 1670, in-12.

2° Morale Évangélique pour tous les Dimanches de l'année. Liège, 1693, in-8°, 2 vol.

Le P. DE WESPIN a laissé en manuscrit une Histoire de Namur, dont le P. de Marne se sera peut-être aidé pour celle qu'il a donnée au public.

(PAQUOT. *Mémoires pour servir à l'histoire littéraire des XVII provinces des Pays-Bas, tome XIII, pp.* 286 *et suiv.*)

Dans le parement de l'église Saint-Loup de Namur (ancienne église des Jésuites) on voit des pierres autrefois enchâssées à l'entrée des caveaux destinés aux sépultures. Elles portent le nom des personnes dont les corps étaient déposés dans ces caveaux. Ce sont de simples pierres carrées, sans armoiries ni ornements.

L'une d'elles, qui n'est plus complète, porte l'inscription suivante :

DE WESPIN OBIIT

XXVII MAI A° N....

C'est évidemment l'épitaphe de François DE WESPIN.

Parmi les présidents du Conseil provincial de Namur figure messire Nicolas-Philippe DE WESPIN, seigneur d'Andoye. Il paraît en cette qualité dans plusieurs actes, et entre autres dans un jugement rendu le 10 avril 1715. Nicolas-Philippe DE WESPIN avait acheté, le 10 avril 1687, de Charles II, roi d'Espagne, la seigneurie d'Andoye, pour la somme de 1200 livres de change. Il était alors conseiller au Conseil provincial.

(Voir, pour l'acquisition et le dénombrement d'Andoye, les pièces justificatives. On y trouvera aussi une notice sur cette seigneurie.)

Il existait à Aix-la-Chapelle une famille de Wespin ou Wespien (von Wespien). Johann von Wespin ou Wespien, fut bourgmestre d'Aix-la-Chapelle et y fonda l'Hôpital Sainte-Marie. Il mourut dans cette ville, le 30 mars 1759. Sa femme Anna-Maria Shmitt y mourut aussi, le 19 octobre 1768. Leurs armes se voient sur les vitraux de la chapelle Sainte-Thérèse qu'ils avaient fait bâtir, et leurs portraits sont exposés dans le parloir de l'Hospice dont ils ont été les bienfaiteurs.

Une rue d'Aix-la-Chapelle porte le nom de Wespin (*Wespin strasse*).

Les armoiries des Wespien et celles des WESPIN de Dinant sont tout-à-fait différentes ; aussi regardons-nous la famille d'Aix-la-Chapelle, dont nous n'avons parlé qu'à titre de simples renseignements, comme étrangère à celle qui fait le sujet de cette notice.

Vers 1700, une des branches de la famille DE WESPIN alla s'établir à Givet (Ardennes). Bertrand DE WESPIN est l'auteur de cette branche. Il avait épousé à Dinant, le 13 avril 1704, Marie-Thérèse Stevenotte. De Gilles DE WESPIN, son fils, né à Dinant, le 20 avril 1711, et de sa femme demoiselle Anne-Françoise Sollier, est né Vincent-Joseph, qui, de sa femme Marie-Madeleine Castillion, ne laissa que des filles, dont la descendance se perpétue de nos jours.

PIÈCES JUSTIFICATIVES.

ARCHIVES DE L'HOSPICE DE DINANT.

I. 25 février 1342. — Eschange d'une rente de dix sols, affectée sur une maison appartenant à Robert Ceneremiche, fils d'Alix Dorjol, et située dans la paroisse Saint-Martin, joignant à la maison de la dame Macelet, contre une autre rente de dix sols, affectée sur une maison située dans la rue de Brebytème audit Dynant, ayant appartenu à la femme Albi Le Tourneur et à Pirlot, son fils, joignant d'un côté à la maison de Gilles Le Bidar et à celle de Lambert Maigret, au profit de l'Hôpital de Dynant.

Dans cet acte comparaît, parmi les masuyers, Watelot DE WESPIN, bourgeois de Dynant.

II. 6 mars 1396. — Acte de vesture d'une maison, située dans la rue Saint-Jacques à Dinant, au profit de l'Hôpital de cette ville, par testament de la veuve Watier d'Otreppe.

Cet acte est reçu, entre autres, par Jehan DE WESPIN, eschevin de Dinant.

III. 4 mai 1401. — Acte relatif à une rente de dix sols, léguée à l'Hôpital de Dinant par la D^{lle} Marie Amalhe, veuve de Walter de Laittre. La rente est affectée sur une maison à Gilles de Romérée, prévost de Dynant.

Allo Radu et Renechon DE WESPIN comparaissent comme mambours dudit Hôpital.

IV. DIMANCHE AVANT L'ASCENSION 1408. — Acte au profit dudit Hôpital commençant ainsi : « Nous Lambert Radu, maire delle Cour, Jehan de Mons, Jehan DE WESPIN, masuyers et jurés delle Cour, etc. »

V. 13 mars 1454. — Donation de trois florins de rente appartenant à Jehan de Focan, fils de Perpète de Focan, au profit de l'Hôpital Saint-Jean-Baptiste de Dinant. Dans cet acte comparaît, à cause de sa dot, Catelin de Focan, sœur de Jehan de Focan, et femme de Jehan de Wespin, masuyer, avec Gérard de Focan, maïeur delle Cour.

VI. 1er décembre 1508. — Acte au profit de l'Hôpital dans lequel paraissent comme mambours dudit Hôpital, Willem DE WESPIN et Michel Melart.

VII. DE 1500 à 1522. — Willem DE WESPIN comparait dans divers actes comme mambour de l'Hôpital.

VIII. 24 AVRIL 1512. — Constitution d'une rente affectée sur une maison appartenant à Walter DE WESPIN, située en Isle à Dinant, par Lambert Darin, au profit de l'Hospice de cette ville.
Willem DE WESPIN, mambour de l'Hospice.

IX. 29 AOUT 1549. — Donation de 4 pevelons de cens sur la maison Agis Remy (*maison au coin de la rue du Moulin, paroisse Saint-Nicolas*) faite par Bertrand DE WESPIN, au profit de l'Hôpital. Dans cet acte comparaissent, comme mambours de l'Hôpital, Bertrand DE WESPIN, Jehan Dawaigne et Jehan Thiry.

X. 26 MARS 1541. — Walter DE WESPIN constitue, au profit de l'Hôpital de Dinant, une rente de 3 patars sur une maison située dans l'allée Chaussée, vis-à-vis du Puits Erny à Dinant, paroisse Saint-Menge, joignant, du midi, à Jehan DE WESPIN, son fils.

XI. DERNIER AOUT 1552. — Transport d'une rente de 36 patars, affectée sur une maison située près la porte Saint-André, fait par le sieur Perpète DE WESPIN, au profit de l'Hôpital Saint-Jean-Baptiste.

XII. 23 JUILLET 1573. — Transport de 4 florins de cens, affectés sur la maison de Pirchon DE WESPIN, fait par Jean DE WESPIN, au profit de l'Hôpital de Dinant.

XIII. 25 JUIN 1587. — Pétition présentée par Anne DE WESPIN, pour obtenir un pain de l'Hôpital, moyennant une rente de 7 florins.

EXTRAITS DES RECHERCHES FAITES PAR M. SIDERIUS,
Notaire a Baillonville (canton de Rochefort).

XIV. 1465. — *Archives de Dinant, Reg. 9, p. 9.* — Lettre de l'argent prêté à la ville par ses habitants, pour réparer les murs et fournir artillerie, etc. :

Bertrand DE WESPIN, Jehennin DE WESPIN, fils de Guillaume, chacun un florin du Rhin.

XV. MARDI 30 MAI 1581. — *Registre aux paroffres. — Le Conseil en féauté.* — Jacques Dawaigne et Wautier DE WESPIN reçoivent l'enquête relative au meurtre de Philippe de Carelle et de sa servante.

Le meurtrier Le Couvreur est condamné à mort.

XVI. 10 NOVEMBRE 1617. — *Revue des Arbalétriers* :

> Jean DE WESPIN,
> Nicolas DE WESPIN.

XVII. 1607. — *Registre 76 aux paroffres, fol.* 41 *et* 50. — Le puits dans la grande rue des Contiseaux (aujourd'hui des Trois-Escabelles) par accord fait par la ville avec Jacquet DE WESPIN, est commun à tous bourgeois.

XVIII. SANS DATE (*Pièce du XVI° siècle.*) — S'ensuivent les habitants de la ville de Dynant, tant les veuves, commençant allé porte asson Dinant, finissant alle porte Thor Chappon :

> Jehan DE WESPIN
> Veuve Walthier DE WESPIN
> Pirchon DE WESPIN
> Walthinon DE WESPIN
> Jacquet DE WESPIN
> Guillo DE WESPIN
> Perpète DE WESPIN
> Bertrand DE WESPIN
> Jehan DE WESPIN dit Grossir
> Jehan DE WESPIN.

Si, comme le dit M. Siderius, il y a tout lieu de croire que l'on a suivi l'ordre des maisons, la famille DE WESPIN habitait le quartier de Saint-Nicolas et la partie d'emmy la ville, c'est-à-dire entre la grand'place et le quartier Saint-Nicolas. Cette présomption est confirmée par la mention ci-dessus, n° XVII.

ARCHIVES DU DÉPARTEMENT DU NORD, A LILLE.

XIX. *Registre des chartres XIII, fol.* 212. — Dans une charte datée de Bruxelles, le 8 novembre 1465, Philippe-le-Bon donne à Antoine, Bâtard de Brabant, plusieurs maisons, rentes et autres biens situés au comté de Namur, et qui avaient appartenu à Jean de Halloy, Jacques Aux-Brebis, Gilles de Fenal, François Le Sauvage, Colard DE WESPIN, et Jean DE WESPIN, bourgeois de Dinant; à condition qu'Antoine remettra en mains du duc la terre de Mierbecke.

(M. Jules BORGNET, archiviste de la province de Namur. — *Analyse des chartes Namuroises*).

Voici un extrait de cette charte : « Item encore 12 muids d'espaute gisant audit lieu d'Ébrechelles, appartenant à Colard DE WESPIN, et une maison appartenant à Jean DE WESPIN, qui vaut 10 muids d'espaute ; lesquelles maisons, rentes, censes et biens, nous sont venus et eschus et nous appartiennent par droit de confiscation, parce que ceux auxquels appartenaient icelles maisons, terres et rentes, censes et biens, se sont constitués nos ennemis rebelles et désobéissants, et ont tenu le parti des Liégeois, nos adversaires. »

Comme on le voit par cet extrait, Colard et Jean DE WESPIN furent du nombre de ces valeureux, mais infortunés Dinandois, qui défendirent leur ville contre le comte de Charolois (depuis Charles-le-Téméraire).

ARCHIVES DE LA MAIRIE DE DINANT.

XX. 1550. — *Registre aux paroffres.* — Sayre Jean Daspre, Pirchon DE WESPIN et Jehan Le Febvre, eschevins.

XXI. 1551. — *Registre aux missives de Dinant.* — Bourgmestres : Antoine De Loyer et Henry de Villenfagne ; tiers : Jehan Daspre, Walthier DE WESPIN, et Perpète Henry.

XXII. 1592. — *Abrégé de la vie et des miracles de Saint Perpète (par P. F. Evrard). Dinant, Ph. Wirkay, 1721, p.* 50. — « L'an 1592, Catherine, fille de Bertrand Wespin, laquelle étant travaillée d'une apoplexie incurable, par les prières et la confiance de ses parents à Saint Perpète, se trouva guérie. »

ARCHIVES DE LA PROVINCE DE NAMUR.

XXIII. 24 JANVIER 1753. — *Registre VII aux dénombrements des fiefs du souverain baillage de Namur, fol.*

247. — Dénombrement de la seigneurie d'Andoy, fait par Thérèse Jacquet, veuve de noble homme Charles-Eugène-Alexandre de Ghillenghien. Cette dame déclare posséder la seigneurie d'Andoy par la mort de son mari et selon la vente qui en a été faite à feu messire Nicolas DE WESPIN, le 10 avril 1687, par Sa Majesté Charles II, pour la somme de 1200 livres de change.

XXIV. 10 AVRIL 1687. — *Lettres patentes du roi d'Espagne.* — A notre cher et bien amé Nicolas DE WESPIN, conseiller de notre Conseil provincial de Namur, nous cédons et transportons, pour la somme de 1200 livres, du prix de 40 gros, nouvelle monnoie de Flandres, la seigneurie d'Andoy, laquelle s'étend tant sur les terres, bois, fonds, héritages et commune dudit Andoy, que sur les censes, maisons, fonds et héritages compris dans l'étendue de la paroisse de Wierde et les bois qui en dépendent, avec haute, moyenne et basse justice, et même morte-main et formorture; permettons audit Nicolas Philippe DE WESPIN, ses hoirs, successeurs, et ayant cause, de pouvoir ériger en fief ou arrière-fief telle partie d'héritage ou fonds qu'ils trouveront dans l'étendue de ladite juridiction.

XXV. 25 MAI 1687. — *Mise en possession de ladite seigneurie.* — Par devant Jean-Baptiste Martin, conseiller et procureur général au Conseil provincial du Roy à

Namur, et Nicolas Alexis Pasquin, procureur audit Conseil, pris pour adjoint, parti vers deux heures après midi de cette ville de Namur, accompagné de M. Nicolas DE WESPIN, conseiller audit Conseil, étant entrés dans l'église d'Andoy, en présence du pasteur et des manants assemblés, leur ayant fait lecture des lettres de Sa Majesté, ledit conseiller DE WESPIN ayant mis la main à la cloche, leur ai déclaré tenir ledit conseiller DE WESPIN pour leur seigneur légitime, et devoir lui porter tout respect et honneur à lui dus. Nous étant ensuite transportés à l'église de Wierde, nous répétâmes les mêmes cérémonies.

XXVI. *Histoire générale de la ville et province de Namur, par Galliot, tom. III. pp. 358 et 359.* — « Andoy est un village situé à une lieue de Namur, sur la gauche et près de la chaussée qui va de cette ville vers Luxembourg. On y voit un château placé sur une campagne qui, toute inégale qu'elle est et bordée de bois, peut passer pour fertile dans un pays tel que le Condres. Ce château est situé sur le penchant d'un coteau qui regarde le midi. Il est d'un fort joli aspect, étant bâti à la moderne depuis quelques années.

Cette seigneurie appartenait, en 1706, à messire Nicolas-Philippe DE WESPIN, président du Conseil provincial de Namur. Elle fut saisie, en 1717, par Elisabeth Magis, veuve de Jacques Blockhouse, et purgée l'année suivante par le sieur Gérard-Joseph DE WESPIN, qui en fit relief en 1726.

Le sieur Ghillenghien acquit cette seigneurie en 1736, de qui elle est passée, en 1763, par achat, au sieur Michel Hacmon, basteur de cuivre à Dinant, dont la veuve la possède aujourd'hui usufructuairement. »

EXTRAITS DU RÉPERTOIRE DES ACTES CONSERVÉS ACTUELLEMENT AUX ARCHIVES DE NAMUR ET PROVENANT DU GREFFE DE DINANT.

XXVII, *Registre* 1522-1528, *fol.* 23. — Perpète DE WESPIN. — Transport lui fait d'une cessure, rue des Fossets, par la veuve Jacques Godissart.

XXVIII. *Registre* 1536-1544, *fol.* 89. — Guillaume DE WESPIN. — Son testament. 18 juillet 1545. — Maron DE FODRAY, sa femme, Bertrand, Perpète, Guillo, Jacques et Jehan DE WESPIN, frères.

XXIX. *Registre* 1577-1580, *fol.* 271. — Jean DE WESPIN et Catherine LEVACHÉ. — Leur testament.

XXX. *Registre* 1588-1591, *fol.* 223. — Wauthier DE WESPIN fait un accord avec Jean, son fils. — Son testament avec Marie HENRY.

XXXI. *Registre* 1594-1597, *fol.* 206. — Michel de Wespin. — Son testament recordé le 2 février 1627.

XXXII. *Registre* 1597-1600, *fol.* 13. — Jean de Wespin. — Son testament.

XXXIII. *Registre* 1600-1604, *fol.* 203. — Partage entre les enfants de Michel de Wespin.

XXXIV. *Registre* 1610-1612, *fol.* 61. — Jean de Wespin. — Son testament.

XXXV. *Registre* 1617-1620, *fol.* 233. — Jean de Wespin. — Testament de sa femme.

XXXVI. *Registre* 1620-1623, *fol.* 377. — Wauthier de Wespin. — Sa mère lui fait transport d'une maison.

XXXVII. *Registre* 1623-1626, *fol.* 36. — Jean de Wespin. — Son testament. — *fol.* 440. — Veuve Guillo de Wespin. — Partage entre ses enfants.

XXXVIII. *Registre* 1626-1630, *fol.* 18. — Michel de Wespin. — Son testament. — *fol.* 243. — Jean de Wespin et Marie Delcour. — Partage entre leurs enfants.

XXXIX. *Registre* 1630-1635, *fol.* 27. — Maison en Barbisaine aux enfants Bertrand de Wespin. — *fol.* 339. — Jeanne de Wespin, fille de Perpète de Wespin. — Son testament, en date du 27 mars 1634.

XL. *Registre* 1635-1640, *fol.* 74. — Bertrand DE WESPIN. — Son testament avec Catherine MELARS. 5 février 1636. — Enfants : 1° Bertrand DE WESPIN, 2° Catherine, veuve de Gilles RADU, 3° Gilles DE WESPIN, mari de Marguerite RADU, 4° Anne DE WESPIN, veuve de Gilles MANET, 5° Agnès DE WESPIN, femme de Dieudonné DE FONTENOY. — *fol.* 282. — Veuve Bertrand DE WESPIN. — Son testament.

XLI. *Registre* 1667-1670, *fol.* 28. — Messire Nicolas DE WESPIN. — Transport lui fait d'une maison et jardin, par Jean de Frahan. — *fol.* 156. — Messire Pierre DE WESPIN. — Transport lui fait de 100 florins de rente, par messire Jean DE WESPIN.

XLII. *Registre* 1680-1683, *fol.* 12. — François DE WESPIN. — Son titre presbitéral.

Amiens. — Imp. CAILLAUX, place Périgord, 3.